Park Soo-Hwa

시인 박수화

물방울의 여행

시인 박수화/ 朴秀華

경남 김해 출생
숙명여대 아동복지학과 졸업
2004년 〈평화신문〉신춘문예로 등단
시집 『새에게 길을 묻다』(2005)
　　　『물방울의 여행』(2008)
현재 시와시학회 · 숙명문인회 · 한국가톨릭문인회 회원
　　　〈육사신보〉 '화랑문예전' 동인
E-mail: star2560@naver.com

물방울의 여행

지은이 | 박수화
펴낸이 | 설보혜
펴낸곳 | 시학 Poetics
1판1쇄 | 2008년 2월 28일
출판등록 | 2003년 4월 3일
주소 | 서울 종로구 명륜동1가 42
전화 | 744-0110
FAX | 3672-2674

값 8,000원

ISBN 978-89-91914-43-8　03810

* 저자와의 협의에 의해 인지를 생략합니다.
* 잘못된 책은 바꾸어 드립니다.
* 이 시집은 한국문화예술위원회 문예진흥기금 기부금으로 제작되었습니다.

박수화 시집

물방울의 여행

시학
Poetics

■ 시인의 말

　순금달빛 찰랑찰랑
　은어 떼 떠밀려 오고 있다
　내게로 네게로 바람 불어오고 있다
　　　　　　　　　　　　　　　—「꽃배」

감사드립니다. 김재홍 교수님, 정연상 부대표님,
33년 동안 한 우물만 파다,
허리 쭉 펴 보는 내 여정의 동반자, 그대와
겨울 고사목 매화포 터트리듯,
취업의 좁은 문을 뚫고, 막 첫발 내딛는 아들 우람
아직 꿈의 싹을 껍질 속에 고이 품고서, 새봄 기다리는 슬기와
도움을 주신 많은 분들께.

　　　　　　　　　　　　　　　2008년 초봄에
　　　　　　　　　　　　　　　박수화

차 례

■ 시인의 말
■ 작품 해설 | 김재홍

제1부 물먹은 것들의 흔적은 쓰라리다

새벽 호수　15
봄 강물처럼　16
연어를 위한 발라드　17
물먹은 것들의 흔적은 쓰라리다　18
조난당한 사람들　20
돌아오지 않는 강　21
백암산　22
미시령 아미타불　23
어머니의 초승달　24
봄 삽화　26
봄 우물 치다　27
천지탕에서 독도탕까지　29
초록비 내리는 날　30
물레방아 참회록　31
아침바다　32
폭풍의 바다　34
새벽 항구에서 남은 생을 경매 부치다　36
저무는 강　37
11월, 붉은 와인에 젖다　38
월척을 낚다　40
어디서 무엇이 되어　41

물방울에 관한 명상 42
먼 등대 44

제2부 동거에 대한 칸타타

햇봄 47
방울아 솔방울아 48
향로봉 꿀풀 49
미시령 얼레지꽃 50
매화마을에 와서 51
청량사 가는 길 52
오월 수련 53
삽다리 손씨 과수원집 55
동거에 대한 칸타타 56
황소 봄뿔을 뽑다 58
메타세콰이어 행진곡 59
겨울 산수유 60
겨울 무화과나무 61
겨울 수채화 62
나무화석 목걸이 63
풀잎 64
황금 살구 65

꽃섬 속으로　66
봄날은 간다　67

제3부 가을의 힘

벌새　71
개구리의 명상　72
가난제祭　73
자벌레　74
봄길　75
오월 유리성　76
대보름달　78
아버지와 고무신 이야기　80
내 머릿속 필터 끼우다　82
불발탄 길들이는 법　84
연장론　86
톱　87
가을 우표　88
가을의 힘　89
수秀바위　90
무말랭이 내 몸과 마음을 버무리다　91
미시령 가는 길　93

제4부 해빙기

길을 품다 97
진부령을 넘으며 99
명태 100
겨울 눈밭에서 101
죽은 빙어를 위한 랩소디 102
청천벽력 103
지상에서 가장 춥고 어두운 날 104
12월 106
세밑과 새해 사이 도둑고양이처럼 107
연탄 주가 치솟다 109
자반고등어처럼 110
주상절리 별들 서다 112
겨울까마귀 · 백록담 · 서귀포 113
해빙기 114
아름다운 마침표 115
겨울 석화를 위한 레퀴엠 117
밀알 하나가 썩어야 풍성한 열매 맺는다고? 118
겨울 고사목 매화포 터트리다 119
물방울은 다시 비 되어 내리고 121

제1부
물먹은 것들의 흔적은 쓰라리다

새벽 호수
— 물방울의 여행 · 1

눈뜰 수 없구나
새벽비 그친 뒤 버들붕어 떼
그리움 산란을 한다 푸들푸들
호수 속 키 낮은 물풀 위에다

차마 눈뜰 수 없구나
나직이 바라보는 것만으로
눈 속으로 너의 시린 이름 한 줄기
안개로 불러들이는 것만으로도 기막힌

밀려오고 또 쓸려 나간다 가슴 뜨락에서
사람과 사람 사이 낯익고
그 낯설은 틈새 길에서
번져 오르고 있구나
새벽 안개가

봄 강물처럼
— 물방울의 여행 · 2

흔들리지 않는 누군가의 어깨 위로
흔들리는 것이 아름답다고?
유리바람벽 사이로
앉은뱅이 마음의
봄 강물이 흐르고 있다

떨어지다가 공중으로 치솟아 오른다
한 마리 저 배추흰나비
낙하산 속날개가 언제나
나폴나폴 먼저 펼쳐지고
또 다른 내일의 강을 건너기 위하여
청날갯짓 치고 있다

연어를 위한 발라드
— 물방울의 여행 · 3

암 투병 중인 네가 대세를 받고 있다

을지병원 응급실에 산소마스크를 쓰고

물푸레나무 가지처럼 가늘게 몸을 떨고 있다

대세를 주는 사람의 모래바람 말들이

귓속 달팽이관을 타고 마음속으로 흘러드는지

몸을 일으키려 안간힘을 쓴다

따스한 누군가의 손길을 쓸어 담으면서

깊은 안도의 바다 속으로

죽음의 세상 밖으로 잠시

푸른 들숨날숨을 몰아쉬고 있다

지느러미로 헤쳐 나온 마디마디 삶의

모래 언덕을 거슬러

너에게서 너에게로 돌아가는 길

산란을 앞둔 한 마리 연어처럼

무거운 세상의 짐들일랑 다 내려놓고

시간의 강줄기 그 어디쯤 막 당도해

생의 결승점을 오르고 있는가

물먹은 것들의 흔적은 쓰라리다
― 물방울의 여행 · 4

낮은 다리가 수심에 가득 잠겼다
폭우로 물이 불어나면서
무엇에든 물먹은 것들의 흔적은 쓰라리다
잡풀들과 쓰레기 나무 탁자 하나가 떠내려와
물길을 턱 가로막고 있다
119구급차가 잠시 상류에서 실종된 사람을 찾는다
는 플래카드
난간의 정강이뼈 드러난 다리
옆에 붙이고 이내 사라져 간다
흙탕물 속에는 잉어 떼들이 얼마나 떠내려
왔을까
낚시꾼들은 보이지 않고
오리 떼들만 구름처럼 날아든다
무심한 물살에 몸을 내맡기고
살살살 부초처럼 떠내려간다
풀밭 사잇길에는 망초꽃 달맞이꽃 엉겅퀴 쑥부쟁이
들이
 잡풀 사이로 키 작은 양귀비꽃 두어 송이가

첫 장맛비에 목을 축였는지
싱싱 몸살이 부풀어 올라 있다

조난당한 사람들
— 물방울의 여행 · 5

  한 번도 오른 적 없는, 십이선녀탕 계곡 길을 오른다 '사고 난다고 지휘관으로 부임해서 처음으로 그곳에 오르면' 장난삼아 누군가 던졌을 말의 소용돌이 속에 빠져 허우적거리다가, 오소리처럼 산길을 올라 본다

  오싹하다, 소용돌이 없는 물 속에는 오글오글 피라미 떼들이 한여름 피서를 즐긴다, 가다 쉬다 오르니 다리 아래, 36년 전 조난당한 '가톨릭 의대 산악회' 학생들의 추모비가 내 눈길을 가로막고 턱! 멈춰 선다, 폭우로 물이 불어난 계곡을 건너다가 한순간 젊음 꽃들 어디로 모두 휩쓸려 가 버린 것일까

  숱한 사연을 품고, 내설악 십이선녀탕 복숭아탕, 그 이십 리 길 맑고 시린 계곡에는 바람처럼 어깨를 스치며 산을 오르내리는 등산객들, 간간이 피서객들 사이로 '취사금지' 원시림 계곡에서 한 가족 셋이 둘러앉아 배고픈 라면 한 냄비, 후루룩 산을 끓여 먹고 있다

돌아오지 않는 강
— 물방울의 여행 · 6

시간의 언 강물 위에
외로움의 얼음 뗏목 하나 띄운다

메릴린 먼로의 웃음소리 같은
야성의 몸부림 같은

이순의 어느 시인이 피운
초가을 비비추 꽃 한 송이가
새벽 신문 활자의 물굽이를 타고
사람의 바다로 흘러흘러 간다

풋풋하다
점점 쾌활하다
요염하게 굽이친다

백암산
― 물방울의 여행 · 7

서로의 물살에 떠밀려 지금도 늘
내 겨드랑이가 시려 온다 그러나

오래 묵은 더덕향처럼

너와 나 속에서 솟아 흐르던
그리운 그 물줄기

미시령 아미타불
— 물방울의 여행 · 8

  알몸으로 뛰어들어 몸 보시한 황태, 칼칼한 황태국물 한 사발 들이킨다, 해장술 봄술처럼, 목줄기를 타고 동맥으로 정맥으로 신록의 물결 파도의 지느러미로 출렁이며 온몸으로 퍼져 나간다, 공해독 약품독 붉고 검푸른 간장 심장에 박힌 스트레스 독버섯들이, 계곡물처럼 깔끔깔끔 씻겨져 나간다

  언제나 속이 허한 아재 황태 아재여, 어디 하나 버릴 것 없는 내장들이 창란젓 아가미젓 알탕의 이름으로 꿈결처럼 팔려 나가고, 간이고 쓸개고 다 빠져나가서, 해풍 속에 눈폭탄 속에, 지느러미 곧추세우던 마음 허공의 길들이, 수만 번 얼고 녹던 그립고 낯선 이름 하나가, 몸통 사리 아미타불이 되었는가, 시원시원 내 몸 속 수로가 뚫리고 있다

어머니의 초승달
— 물방울의 여행 · 9

1
목숨길 다 가도록 잘 살아 나아간다는 것은
누군가를 사랑한다는 것
끊임없이 누군가와 작은 무엇을 나누는 일이라고
가난한 사람들
마음으로 섬기는 일이라고

초하루 어머니
샆작문 산 그림자를 홀로 여닫는다

2
해일 그 물바람 속에 휩쓸려 갔다
초가집 텃밭가 박꽃들
추석날 송편이며 또 아기 돼지들
어릴 적 가을바다 끝자락을 등지게 하고
황톳빛 내 어머니
땀 눈물 훔쳐 내시던

3
'매미'의 칼날 울음이 밤새 할퀴고 떠난
초가을 남쪽 고향 들녘에 서서
사십 몇 년 시간의 이정표 위에
어머니의 하얀 눈썹달이
가죽나무 가지 끝 허공에 걸려 있다

봄 삽화
— 물방울의 여행 · 10

어찌 돌리랴
굽이쳐 흐르는 시간의 강물을
어찌 누르랴
용솟음치는 사람들
마음의 물굽이를

대지를 뚫고 뿜어 나오는
새순들의 함성을 들어 보아라
무엇으로 누가 그들을 또 막아 내랴

무릎으로 걸어가고 있는 오늘도
내 목숨의 고샅길가에는
갈피갈피 눈물 꽃잎들이 날아들고
하늘길엔 매화꽃바람 자란자란
흩날리고 있다

봄 우물 치다
— 물방울의 여행 · 11

덜커덩 바람 소리 내 기억의 뚜껑이 열린다
이른 봄 바람결에 세상 돌아가는 이야기들로
시원시원 등물을 쳐대던 사람들
사람들의 굵은 목소리가 밧줄을 타고 올라온다
쫘악 구부린 등짝에 한 두레박 끼얹는 찬물세례
우물가에 가면 목젖까지도 얼얼하다
그 푸른 이끼 낀 사연들이
수련 이파리처럼 물거울 위로 떠오른다
누구는 얼굴이 새까맣게 어디가 굳어 버렸다고
또 누구는 심장이 콩알콩알 오그라들었다고
소갈 소갈증에 간 떨어질 뻔 애 떨어질 뻔했다고
누구누구는 소갈머리 주변머리가 다 없다고
 인터넷에 미이라로 떠돌고 있는 스타들의 X파일처럼
 호들갑호들갑 아낙네들 물 긷고 애벌빨래 치대던 자리에
 얼큰한 해장술잔으로 돌아가는 동네 입소문들
 우물 흔적조차 없는 도시의 우물곁에도 이웃이웃
 남정네들 막 오십 줄에 과로 과로사했다고

불어치는 꽃샘바람 살바람 소금눈물 바람들
오싹 마른 등골이 다 젖어 내린다

우물물 속에서 목말라 죽은 너는! 또 누구인가
아지랑이 새봄에 내 마음 우물 속 한 번 쳐 내려간다

천지탕에서 독도탕까지
— 물방울의 여행 · 12

천지연 사우나탕에 가면 만난다
비행기 타고 관광 온 일본여성들을
쑥탕 녹차탕 인삼탕 허브탕
게르마늄탕 진흙탕
천지탕 독도탕을 서로 오간다
탕 속에서는 더 이상 그녀들이
이방인이 아니다
쓱쓱 얼굴에 진흙 한 번 문지르고 나면
거울 앞에 내가 낯설다
어디라도 벗어나면 진흙처럼 지워지는가
일상의 거품들이 공기방울로 들끓는다
샤워기를 틀어대면 구석구석
마음의 때가 가볍게 씻겨 나갈까
참숯 솔잎 사우나실에서
은근불근 흘리는 땀방울로
쑥쑥 머릿속 체지방이 여러 채 빠져나갈까
가운을 입고 잡담들이 둘러앉는다
무슨 심판을 기다리고 있는가
기웃기웃 얼빠진 나도 쭈그리고 앉아 있다

초록비 내리는 날
― 물방울의 여행 · 13

넝쿨장미 울담 아래로 핏기 없는
노파의 손목을 붙잡고 지나간다
한 아낙이
"치매가 점점 더 심해진다"고 투덜투덜하며
지팡이가 이끌려 뒤따라간다

누가 덧없이 흘려보낸 시간들인가
이해 받지 못한 한 생애와 누구를
이해하지 못하고도
또 그렇게 당당하게 살아가는 시간들이
목숨의 뒤안길에 오둘도둘 열꽃으로 피어나고 있는가

숨통 막히는 가슴들판에 툭!
트이게 초록비 내려 적셔 주고 있다

물레방아 참회록
— 물방울의 여행 · 14

참방참방 저절로 돌아간다
초가을 소나기 산골마을에서
네가 펑펑 울고 떠나간 뒤

돌아라 방아야
물레방아야 돌아라

피어오르는 물안개보다도
절로절로 뉘우치는 한 사람의 뒷모습
보다도 더 아름다운 수채화가

이 세상에
내 마음의 풍경 속에 또 있겠느냐

아침바다
― 물방울의 여행 · 15

비단가리비 눈뜨는 아침바다가
파르르 열린다
해초 향 보드라운 지느러미
춤사위 사이로

남빛 바다 출렁인다
간밤엔 누구의 아픔 삭여
그 해캄들을 다 게우고
또 비워 냈는가

함박 너에게 이끌리어
나를 채찍질해 온 모래알 시간들이
겨울 해녀들 태왁*으로
둥실둥실 수면 위로 떠오른다

생살 가슴 한가운데

---

* 제주 방언으로 물 위에 뜨게 만든 뒤웅박.

참진주 알 하나
아침햇살 품어 안고 있다

폭풍의 바다
― 물방울의 여행 · 16

밤바다를 지키는 저 등대수를 보아라
바람의 용틀임보다도 홀로인 것이
내가 나를 지키는 시간들이
더 처절하다는 것을 알 때가 있나니
알아야 할 때가 있느니
시간의 바다 속 암초암초 끝없이 부딪히며
침몰해 가는 너

보아라
아 바람 속에도 보드라운 뼈의 칼날이
숨어 있다는 것을
숨어 금속성 외로움을 쟁쟁쟁 노래하는
몸속 귀뚜라미 울음소리를 들어 보아라
내가 토하고 내가 들을 수밖에 없는

살과 뼈를 뚫고 어둠의 숨구멍을 열어 보아라
오선의 파도 밤바다 물결 수놓으며
고독의 실핏줄들이 밤 속으로

밤의 열기 속으로 퍼져 나가는 저 모습을 보아라
누구를 사랑하며 살기에도
짧은 나의 시간 나의 자투리 시간들이여
밤의 망망대해를 튀어 오르는
저 끝없이 꿈틀거리는 폭풍 속 성난 몸부림을 보아라

새벽 항구에서 남은 생을 경매 부치다
— 물방울의 여행 · 17

육지에 상륙한 물고기들이 바다의 비늘을 털고 있다
새벽 어시장에 가면
어떤 놈들은 너무 세상 모르고 날뛰다가
널브러지고 있다

사방 구멍 뚫린 물통에는 넘치는 물이
줄줄 비어 가는 마음처럼 흘러나오고
대야마다 활어들이 마지막 숨을 헐떡이고 있다

빈손으로 어시장에 들어왔다가
머리에 이고 들고 기우뚱 제 갈 길로
바쁘게 사라지는 발걸음들
뒤뚱뒤뚱 꽃게 걸음 걷고 있다
무수한 짐 보따리들이
뱃고동 소리 따라 보오보오 흩어져 가고

내 생애의 마지막 장이 서는 그 어느 날도
이렇듯 누군가가 내 남은 삶을 경매 부치고 있을까

저무는 강
— 물방울의 여행 · 18

저물녘 먹빛 두루마리 속으로
불빛 찾아서 모여드는구나 불나방
사람들 눈길 밖으로 사라지누나

가을 햇살에 볼 붉은 석류알 같은
그 알갱이 빠진 내 마음의 빈터
그대 꽃 진 자리에는

아무도 모르라고 뼈의 외로움만이
강물로 흐르고 있구나

11월, 붉은 와인에 젖다
— 물방울의 여행 · 19

우체국 자동 유리문 밖으로 걸어 나온다
첫 시집들을 가랑잎새로 날려 보내고
후두둑 빗방울이 차게 이마를 때린다

아파트 숲 산책로
저만치 날아오르다 쏟아지고 마는
시의 자막들이 자주색 코트 자락에서
검불처럼 젖어 내리고 있다

(황당한 마음의 물기를 닦아 내기 위하여
서둘러 집으로 돌아온다 나는)

내 주머니에서 빠져나오지 못한 나를 찾아서
추적추적 가랑잎들의 산책로가 젖는다
(삐에르 앙드레 보졸레 빌라쥬 누보
붉은 와인 한 잔을 마신다)

혀끝을 타고서 빗줄기를 타고서

짜릿짜릿 젖은 누군가의 목울대를 전율시키는
11월의 마지막 날 저녁 무렵
떨어지는 빗방울에 내 무게를 달아 본다

월척을 낚다
— 물방울의 여행 · 20

몸을 던진다
하루의 얼음구멍 속으로
무엇이 내 몸 미끼를 낚아채려 할 때
끌려가고 끌려오는 팽팽한 힘의 고요가
너와 나 파로호변 햇수양버들의
부드러움도 시간의 물무늬 속에
파르르 떤다
이제는 뿌리줄기 잎새들이
목마르다 하늘바라기 할 뿐
되감을 수 있는 마음의 실타래가 없다
생의 흰 그림자 위로
화전처럼 내려앉는 햇봄
세상의 여백 위로 하루라는 버들치
월척 하나 둥실 낚아 올린다

어디서 무엇이 되어
— 물방울의 여행 · 21(양수리를 지나며)

다시 돌아올 수 없는 사람
그 발자국 빈터 위에
오선을 그으며 불어오고 있다
누군가의 야윈 목소리

가슴속 음표들이 은빛 피라미처럼 튀어 오른다
시간의 발자취 그 어디메
어룽무늬 목숨의 뒤안길에서
너와 나 하나 되어 솟아오를까

적막한 안개울음 한 자락
끌어안고 흐느끼리라 강물 저 저 혼자서
물 위를 가로질러서 기차의
발길마다 샛푸른 낮달 떠오르리라

물방울에 관한 명상
— 물방울의 여행 · 22

반짝 물먹은 별로 빛나리라
서로의 품속으로 스며들리라
우리가 한 방울 물이 된다면

너와 나의 무늬도 얼룩도 아랑곳없이
모서리 가시도 없이 언제나 한 몸 되어
한 마음 되어 흐를 수 있으리라
살과 살끼리 뼈와 뼈끼리 찌르고 박히면서

그 아픔을 누가 어찌 알 수 있으랴
다만 물방울 작은 거울 속으로
온갖 생명들이 몸을 숨기는 이 거룩한 순간에도
무엇이든 감싸 안으며
무엇에나 핥아 주며 흐를 수 있으리라

도른도른 몸을 낮추며 우리가
한 방울 물이 되어 흐른다면
서로 한 방울 물로 섞여 흘러간다면

쩡쩡 얼어붙은 이 세상에도
어느새 초록피가 따스히 감돌아 나갈 텐데

먼 등대
― 물방울의 여행 · 23

꽉 끌어안아야 살아남으리라

세상의 어둠 바다 속으로
돛대 기둥 하나 솟아오르리라

힘으로 온몸으로
오소소 밤하늘에 서리 박힌 은바늘 별들처럼

오늘 하루도 파랑주의보 바다에서
먼 등대의 불빛 한 점을 향한다

제2부

동거에 대한 칸타타

햇봄

봄 하늘에는 작은 탯줄 하나 달라붙어 있어
혼곤히 포대기에 업힌 봄 숨소리
생명의 씨앗들 땅속에서 톡톡 발아하는 소리
누가 엿듣고 있는가

방울아 솔방울아

바위에 떨어져도 세상에서 떨어져도
부서지지 않는 탄성 지니며 산다

내 둥근 몸 썩어
양분으로 거듭나기까지는

세상 속에서 사철 암갈색 비늘웃음 웃는
청청한 소나무야
소나무의 눈물 솔방울아

향로봉 꿀풀

철없어라 바람 센 봉우리에
참나물 곰취나물 노린재나무 순들
널브러졌지만 발아래 누구의 시름이
한 포기 꿀풀로 피어났는가
말 없이 북녘의 산하를 바라보는가

연하고 무성하여라
질기고 상처투성이여라
저 햇살과 그늘 그리고 바람 속에
젖은 몸을 말리고 있는 가난한 이파리들

향로봉에 서면
사방으로 불어치는 바람에도
뿌리에서 마른 등뼈까지
절로 솟구치는 강한 힘이 넘실거린다
홀로 선 꿀풀 한 포기가 겨울나무처럼 꿋꿋하다

미시령 얼레지꽃

산봉우리에도 마을을 이루고 살아간다
세상 파도에 허리 한 번 펼 수 없는
들꽃 목숨들이

홍조 감도는 얼레지 이파리
산 부엽토 속에 낙엽이불 아래
뿌리줄기의 속살이 흔들리고
청보라 꽃봉오리가 고개 숙인다

어둠의 둔덕에서
빛의 싹들이 파릇파릇 돋아나고
서쪽 하늘로 기울어 가는 해와
동해로 불어오는 솔바람 사이에서

너와 나 사이에서
흐드러진 희망을 간추리고 있다

매화마을에 와서

어둠의 실뿌리 끝에서
햇살이 봄우물을 길어 올리고 있다

생살바람에 톡톡 움이 튼다
목련의 어깨에도 새 피가 솟구친다

발 뻗는 죄의 뿌리 같은 것들이
봄바람에 부활절 판공성사*를 보고 있다

---

*부활절 · 성탄절에 보는 고백성사.

청량사 가는 길
― 부처님 오신 날에

누가 메꽃의 새 길
을 짚어 주고 있는가

봄산 그늘을 빨아들여 치마폭에 청량산
녹음을 공글리고 있다 누군가 그리울 때면
날려 보고 싶어라
연꽃나비 한 마리

오월 수련

1
찰싹대는 물낯바닥에 몸을 낮춘다
연못 수련 이파리들이
도른도른 연꽃 송이송이 꽃잎 속에서
해맑은 동자승 얼굴들이
보시시 꽃술로 피어난다
가슴을 활짝 펴고 하늘바라기 한다

내리는가 하면 멎고
멎다가도 이내 젖어드는 어떤 인연처럼
이슬비가 연잎 손바닥에다
이슬이슬 손금을 그린다
도르르도르르 빗방울 빗방울들이
눈알을 굴려댄다

2
거렁뱅이 몸뚱이 하나
이 절 저 절 바랑에 의탁하다가

바람의 목소리 따라 타국으로 맨발
수행 불려 나간 어느 젊은 승려의
또 누구의 고요하고 절박한 몸부림을 듣는가

연못가에 창포 꽃봉오리들이
초록 울타리를 둘러친다
저마다 기둥 심지 하나 꼿꼿하게 세우는 일
향기로 지붕 하나 피워 올리는 일
자연의 이치로는 저리도 쉬운 것인가
고여 있어도 녹슬지 않는
수련꽃 희망들이 봄 바리케이드를 치고 있다

삽다리 손씨 과수원집

사과꽃 천지보다도 눈물이 눈부셔라
눈꽃 세상 새벽 아궁이에서
타닥타닥 잘 타던 마른 나뭇가지들
겨우내 타오르던 불꽃꽃불

붉은 것이 저리도 맑아진 것은
누구의 화염이더냐
누가 하던 사랑이더냐
아니면 어느 죽음이더냐

겨울 허공을 바람으로 휘젓던 가지
낯선 땅으로 바람의 새끼들 흘려 버리고
어두침침한 겨울 저장고에서
긴 생애를 짧은 청춘으로 불살랐다

팔십 먹은 사과나무 한 그루
초가을 햇살폭포에 앉아 후지사과를
헤아리고 있다 평생을 견뎌 낸
세월의 초침처럼

동거에 대한 칸타타

1
발코니 창가 게발선인장 화분 하나
집안 내력을 훤히 꿰뚫고 앉아 있다
해를 더할수록 폭포수 쏟아지는 꽃들이
꽃 보러 찾아오는 아낙들 배꼽 빠지게
봄 웃음소리 옥타브보다도 더 깔깔깔 높다
그 꽃 한 번 시들고 나면 쭈글쭈글
물 빠진 잎 마디들은 뱃살이 튼다
수천 수백 송이 다산의 통증으로 마디마디
개미허리 척추가 뚝뚝 끊어지려 하지만
봄보다 먼저 똑똑 힘찬 노크 소리
내 눈 속으로 찾아든다
어김없이 꽃눈들이 바람개비 춤을 추려 한다
그림자처럼 새봄이 바짝 다가서면 목숨 붙어 있는
세상 모든 것들의 입들은 옴찔 옴찔거리는가
푸른 실핏줄들이 툭툭 미끈한 네 허벅지 정강이의
새로 솟는 하지정맥처럼 튀어나온다

2

강 건너 먼 동네에서 새로 이사왔노라고
첫 메주 간장 담가 놓은 이웃 나 홀로 할머니집의
동동동 갓 헤어진 먹구름 자식들처럼 떠돌고 있다
간장 된장 애간장 항아리
가지런가지런 그 위의 붉은 웃음 고추알들과
참숯 메주 곁에 쪽잠으로
할머니 머리맡 달빛 후광으로 풋밤 칸타타가
골다공증 그리움 속에 게발선인장 몇 마디가
피붙이 살붙이로 꺾어진다
흙살 품속에서 새근새근 단잠에 빠져든다
바닥에 납작 엎드린 화분들 곁에
올봄 말벗의 실 뿌리들을 뻗어 내리려 하고 있다

황소 봄뿔을 뽑다

봄풀 향기 묻어나는 것을 사리라
장터에서 노점에서
참살이 두릅 향 오므린 손들의
손금도 살짝살짝 펴 보면서 나가리라
보송보송 솜털 햇살에 파랗게 데치는
푸성귀 흙의 소망처럼
쿵쿵쿵쿵 불도저 포클레인이
집 한 채 먹어 삼키는 소리 삭힐 수 있을까
개발의 날바람이 탕탕탕탕
텃밭 흙살 가슴속으로
쇠기둥 박아 내리는 굉음 굉음도
말끔 퍼 담아 올릴 수 있을까
푸른 그 무슨 힘이 목울대를 울컥 치받는다
시간의 빈 우리 속에 갇혀
마지막 황소 한 마리 봄뿔을 잡아당기고 있다

메타세콰이어 행진곡

미사일 포를 마구 쏘아 올린다
가을의 과녁을 향하여

무너지는 가로수 전선을 따라
저벅저벅 메타세콰이어 군단이
남으로 남으로 행진을 하고 있다

용맹하다
가을비에 흠뻑 속마음 젖어 와도
11월의 나무들은 활활 용광로로 불 타오를 뿐

찬바람이 발가벗겨도
누구에게나 뼈와 살점 짓밟혀도 항복할 줄 모른다

트라이앵글 승전 탑을 하늘 눈금만큼
차곡차곡 쌓아 올릴 뿐
나무의 무쇠 근육질들은 해마다
황금 갑옷만 눈부시다

겨울 산수유

누가 풍로를 돌리고
있는가 가릴 수 없는 그리움
바람 속에 알알이 지펴 놓고
저 혼자 불씨 돋우고 있는가

겨울 무화과나무

젖몽오리 고운 열매의 눈이 톡톡
발코니 화분 나뭇가지에서 불거져 나왔다
꽃 피우던 흔적 없이도
네 열매는 그대로 꽃이런가
유년의 여름 마당가에서
홀로 배고픈 한낮 햇볕 따라 해풍 따라
주렁주렁 쩍쩍 터져 오르던
잇바디 붉은 함성 함성
내 까만 손으로도 쉽게 닿으며
또 멀어지며 성자처럼 너는 늘 가까이
내 작은 적막의 그늘을
소리 없이 감싸고 서 있었네
생의 눈보라
흰 추위는 이제 다 지나갔을까
가지 틈새 굳은살을 초록초록 맨살이 뚫고
알알이 봄빛을 물고 터져 나왔구나

겨울 수채화

피어오른다 산골 마을 마가리집에서
애틋애틋
누구네 저녁밥 짓는 연기일까

마른 산풀 속의 오소리 주둥이에
묻어나는 참나무 숲의 향기여

나무화석 목걸이

나무가 돌이 되기를
돌이 다시 꽃이 되기를
얼마나 오랜 세월 거듭했을까

나무화석 목걸이 하나
내 목에 걸어 준 네 차가운 손이
그 돌의 무게가 처음엔 체온을 다 빼앗아 갔지만

네 마음 눈 녹듯 그것이
내 몸속 피돌기를 잘 해 줄 거라 하니

이 화석의 생애에 비하면
내가 끌고 온 길은 먼지 같은 찰나겠지만
먼지인 내가 수억 수천만 년의 유물을
단숨에 모두 다 차지할 수 있다니

다만 우리는 서로가 서로에게 화석일 뿐이라고
옷 속에서 내 몸 안에서 그것들이 속살 속살거리네

풀잎

누가 열명길 떠나가는가
네 오랜 병상의 황사바람은
봄 하늘 천정을 뒤덮는다
쾅쾅 마음의 빗장을 잠그게 한다
네가 머물던 생의 남녘에는
살금살금 풀잎 얼굴들이
생기 머금고 기지개를 켜대리라
되돌릴 수 없는 삶과
죽음 사이의 이 만큼의 거리에 서서
지상 아픔의 흔적으로
소박한 누이의 이름으로
너를 불러 본다
세상 어디에나 발 뻗어 내리던 곳
그곳이 너와 나 우주의 중심이었구나

황금 살구

유월의 녹음을 살구가 담금질하고 있다
아무도 없는 한낮 웃음소리 까르르—
놀이터에서 햇빛이 미끄럼을 탄다

누가 청춘의 부라보콘을 먹고 있는가
무엇인가 생의 뜀틀을 뛰어넘으려다
달콤쌉싸름하게 다치고
상처 주고받는 마음도 다 녹아든다 이제는

누구나 유월에는 차가운 마음들까지
따뜻이 품어 안고 살아가는구나
하루하루 기쁨으로 그렇게 익어 가고 있구나
황금빛으로 물들어 가는 살구처럼

꽃섬 속으로

손길 닿으면 행여 부러질까
허브 향처럼 햇살 마른
당신

허브나라에는 아련한
로즈마리 라벤더 파슬리
오레가로 민트 다임 치브
향으로 빛나는 사람들

제 가슴 수놓는 꽃강물 위에
수천수만 별빛이
당신의 마을 속으로 흘러들고 있다

봄날은 간다

부레옥잠으로 떠오르는 섬들
사람과 사람 사이
다가설 수도 물러날 수도 없는 거리에서
섬들이 풀씨처럼 흩어져 있다

봄 바다에 꽃잎 하나
눈물을 떨군다

그 낙화의 무게로
다도해 봄날은 간다

제3부
가을의 힘

벌새

쉼 없이 나풀댄다
긴 주둥이를 꽃술 속에 박고
꿀을 빨아먹는다

벌새의 날갯짓으로
한평생 부지런하시던 어머니

자식농사에 취해
늘 꽃술에 벌새처럼 취해
짧은 목숨 살다갔느니

개구리의 명상
― 실직의 그늘

경칩 지나자 둔덕 나무 그늘 아래 철봉 농구골대 밑까지
무리무리 수캐구리 군단들이 진주해 오고 있다
평일 한낮 근린공원에는

점령군들은 윷놀이 고스톱판 장기바둑판 판판판 세상일 훈수판까지 판으로 돌아가고 있다 조깅 체조 산책을 하기도 하고 약수터 물을 받아 손수레를 끌고 집으로 돌아가기도 한다 아니면 가끔 벤치에 기대어 세상일들을 씀바귀 뿌리로 곱씹으며 그냥 그렇게 허공을 바라보기도 한다 개굴개굴 우렁차던 울음소리는 이제 성대조차 말라붙었는가 저 햇살 그늘 속의 개구리 떼들이여

　흙살가슴 포근포근 풀려 와도
　꽁꽁 얼어붙은 일자리
　세상의 의자들이 줄어들고 있다는데
　봄이 다가올수록 빈 하늘 바라보는 사람들 늘어만 가고 있다는데

가난제祭
— 아낙과항아리 · 박수근에게

곡식은 이미 떨어지고 없었다
아낙의 항아리 속에는

가난한 양구마을 서쪽 하늘에
흐린 무지개 떠오르던 날
저 들판의 보릿고개는 어찌 하느냐고
아낙은 푸른 보리수염으로
마음 밑바닥 서걱서걱 모래 알갱이들만
쓸고 또 쓸어 담는다

따스한 저녁밥 한 끼를
식구들에게 꼭 지어 주어야겠다고
꼿꼿이 세운 지상의 무릎 위에
비어 있는 두 팔을 살짝 들어올리며
근심스레 가난의 제를 올리고 있다

자벌레

간밤 낙엽더미 길 없는 길 위에
누군가가 남몰래 흘리고 간
가랑 눈물길을 밟고 갔구나

날 목숨이 아찔아찔
저 깊은 가랑잎의 낭떠러지까지
네 삶의 얼음협곡까지
굴러 떨어지기도 하면서

가장 낮고 좁은 길
흙 자갈길 바위 비탈길 갈래 갈래길
지상의 길이란 길은 모두 쓸쓸함의 힘으로
야윈 허리춤을 끌고서

세상 굴헝 속을 온몸 촉수로 붙잡고
외로움의 실오라기 손으로 더듬으면서
자벌레 하나 숨 가파르게 기어오른다
어둡고도 환한 산길을

봄길

더듬더듬 쇠지팡이 하나로도
온 세상 어둔 길들을 척척 헤쳐 나간다
눈먼 동네 할머니
가슴속 바윗돌 위에 봄빛이 파릇하다
타조 걸음걸음 몸맵시 날렵하다

내가 누군가의 지팡이가 되어
집으로 돌아가는 봄날에는
길가 쥐똥나무 새순들도 봄물 머금고
궁금한 듯 아침해가 기우뚱
나뭇가지 사이로 고개를 쏙 내밀고 있다

생의 봄길을 걸어가다가
툭! 수다쟁이 새똥 한 점 튀어든다
왕눈을 뜨고 누구는 앞을 보지 못하는데

오월 유리성

밀물 썰물 빠져나간
사람들 무늬의 틈새를 비집고 다가앉는다
각설이의 어둔 그림자처럼
먹구름과 햇살의 색채가 하루의 리듬으로 교차한다
한낮의 공간 속을 교차하는
저 깊은 투명의 고요

무엇으로 우리의 마음은 충만해 오는 것일까
사람들이 뿌려 놓고 간 짐들이
또는 알 수 없는 어떤 삶의 기운들이
주섬주섬 내 머리 정수리 주위를 감싸 돈다
작은 것들이 떠받들던 신처럼
아무도 없는 성당 안을 눈거울로 둘러본다
귓속에서 낯익은 헛기침 인기척이 튀쳐나오기도 하고
때로는 눈길 속으로 휠체어 자동으로 끌려나가는 것이
똑 똑 똑 하이힐 잡음이 툭툭 어깨를 치며
메아리처럼 뒤따라 나오기도 하고

초록 물결들이 첩첩 파노라마 속에서
세상은 파스텔 톤으로 되살아나고 있지만
그러나 그 그림자 유리의 성 속에 갇혀 있는
너는 또 누구이더냐
햇살 창에 비쳐지는 실오라기 먼지의 흔적들을
마음속 얼레빗 참빗으로 빗겨 내리다가
봄의 손길 따라 피고 지는
낙화처럼 오월 속을 나뒹굴고 있다

대보름달

　탱글탱글, 봄물 오른 온실 딸기 한 접시, 소복소복 제삿밥처럼, 호박 팥 시루떡 옆에다 차려 내놓는, 이웃 할머니, 그 할머니를 다시 만났다, 해거름 난전에서 국산 콩두부 한 모를 사다가, 방금 산 절반 값의 수입 콩두부 한 봉지를 오른손에 쥐고, 할머니는 그건 다른 거냐고 묻고 또 물으신다

　어둑어둑 틀니 없이 웃으신다, 귀앓이로 병원 다녀오는 길이라며, 틀니가 안 맞으니 의사가 꼭 필요한 때만 끼라고 했다면서, 오래전 영감 먼저 보내고, 대보름달 외아들 또 앞서 떠나 보내고, 돈 벌어 금싸라기 생활비 보내 드려야 한다고, 또다시 떠나갔다, 며느리는, 시골로 홀쩍, 할머니의 세월처럼

　오순도순, 이제는 다 커 버린 알토란 손녀들, 팔순의 옆구리에 끼고, 어깨 등 토닥토닥 두드려 격려하고 위로해 주시며, 살림 뒷바라지 손녀들 대학공부, 취직 뒷바라지 해 오신, 우리네 어머니 같으신, 입춘과 우수

사이, 너와 나 사이 막 풀리기 시작하는, 흙살과 흙뼈의 푸근한 가슴 같고, 가물가물 봄길 밝히는 아지랑이 같은, 우리 할머니

아버지와 고무신 이야기

1

아장아장, 섬돌 위를 왔다 갔다, 아버지의 커다란 고무신을 배를 타고 아이 하나 기우뚱거린다, 삐뚤삐뚤 그러다 그만 신발에 걸려 넘어진다, 어느 토끼발이 뒤축을 살짝 밟아 버렸을까 여름밤 홑이불을 뒤집어쓰고 골방 아버지의 구부러진 등 뒤에서, 숨어 있던 날 잡으려고 고래고래 술 취한 목청으로 그 아이 아버지 아버지가, 토끼몰이하듯 밤중에 쳐들어왔다, 공포의 날 선 어둠 속에서 깨어져 나간 그 아이의 앞니가 반짝, 사금파리 별똥별로 빛났다

2

소꿉친구의 우정은 멀쩡한 고무신처럼 두 동강이 나진 않았으나, 어찌어찌해서 그 일들은 모두 등잔불 꺼진 밤의 열기 속으로 묻혀 버렸으나, 바닷가 외딴 마을의 흔적들은 가슴 백사장에 밀려오고 쓸려 나가지만, 물 무늬를 그린다 음표음표 기억의 물새 떼로 날아 앉는다

그 아이, 소갈증에 퉁퉁 부어오른 어머니를 잃고, 날 두려움 속에 떨게 했던 그 아버지마저 또 잃어버리고, 어려서 남의 집 살이로 고향 섬을 떠나갔다는 소식을 들은 이후로, 한 번도 그 아이 소식을 들은 적 없지만, 토란잎 우산 속 까만 눈동자 그 아이, 지금도 이 세상 어느 구석에서 빛을 내고 있을까, 저 세상 어느 모퉁이에서 우리 부모님들은 그 시절 얘기꽃을 별빛별빛 피우고 계실까

내 머릿속 필터 끼우다

1
소리 뚝! 청소기가 멈춰 섰다
정전도 아니고 고장이 난 것도 아닌데
잘 돌아가던 박동이 그만 멎어 버렸다
요리조리 살피다가 뚜껑을 열어 본다
압축된 먼지들이 꽉꽉
필터의 입구까지 아가리를 벌리고 있다

여름날 불 꺼진 다락방에 누워서
숨 쉴 겨를도 없이 급체했던
열여섯 살의 기억처럼
심장이 터져 버릴 것 같은 세상과
나는 잠시 깜깜 먹통이 되어 버린 것일까

2
위장을 갈아 끼운다
간장도 심장도 뇌수까지도
새 종이 필터 하나로

모든 출발에는 언제나 가벼움이 있구나
닦아 내고 털어 내는 것들의 순박함을
잠시 맛보기 시작할 때
시의 행간을 비추는 낮은음의 불빛들의
머릿속이 환히 비워지기 시작한다

불발탄 길들이는 법

내 몸속엔 지금
어떤 전류가 흐르고 있을까
맹수의 몸속에는
백두산 아기 호랑이 전류일까
수목원 동물원에서 사육되면서부터
불타던 눈빛은,
날카로운 유전인자는 우리 속에서
녹슨 앞발톱으로 퇴화되고 있다

조련사가 던져 주는 고깃덩어리
그 왕성한 식욕의 이빨들은
그러나 조련되지 않는다
쇠창살 밖으로 펼쳐지는 밀림의 신천지도
눈길 조명 쏘는 대로 돌아가는
신록의 영상 파노라마에 불과할 뿐

감옥을 뛰쳐나갈 용맹의 출구는
어디에도 없는가

그 길의 뿌리를 잃어버리는 것은
차마 눈물겹다
하지만 어느 탈출의 순간에
용수철처럼 튀어 오를 힘의 녹슨 불발탄

연장론

　해 뜨기 전 헛간에는, 햇빛보다 한 발 먼저 연장들이 눈을 뜬다, 가족 누군가의 손에 손을 맞잡고, 밭일 나갈 채비를 서둘렀다, 물과 불의 담금질, 금은의 담금질로 훈련되고, 쇠메로 두드려 맞아 반들반들 숙련된, 쇠스랑 삽 낫 호미며, 부젓가락 모루 도가니 풀무, 부손 집게 삼지창 작살 등의 쇠붙이들이, 물푸레나무 자루의 날개를 달고서, 기둥에 깃발처럼 내걸려 있었다

　들로 때론 바다로 나설 길을 스스로 재촉하곤 했다, 대장간 시절, 헐레헐레 숨막히던 무용담을, 서로서로 목실 꾸러미로 풀어놓았다, 잘 단련된 시간의 근육질, 청동의 근육질들이 애련애련 추억의 물목들이, 헛간의 무슨 훈장처럼 달빛에 이빨을 갈고 있었다, 밤 내내 오분대기조로 누군가를 기다리고 있었다

톱

아버지와 나의 잃어버린 톱 하나가
뾰족뾰족 마음의 날 선 연장 하나가
무슨 암호로 흐린 가슴에 새겨지는 날이면
내 언어의 비트,
세 치 혓속 대장간에는
깔끔깔끔 연마되지 못한 채
자동톱날처럼 뛰쳐나가기만을 기다리고 있었다,
말의 살촉들이
잘디잔 말의 연장들이 저벅저벅
가을 발자국 소리를 내며
도로 내 속으로 걸어 들어오곤 했다
미처 그 독기 품은 날을 피하지 못한 채
댕그랑댕그랑 무수한 내가
가랑잎으로 굴러 떨어졌다
말의 시체들이 가을 거리를 나뒹굴었다

가을 우표

흐른다 마른 눈물이 이 햇빛 좋은 날
하늘 아래 홀로 걷고 있다는 것
아직 살아 있다는 것
우체국 가는 길 숲길 마음길에
피어오른다 뭉게뭉게 무채색의
구름이 네 얼굴이

부친다 가을을 묶은 소포를
너에게 띄운다 야윈 들꽃 향기를
향구름 타고 푸른 바람나비에 실어

가을의 힘

산이 단풍으로 산을 지우고 있다

누덕누덕 올올이 닳아 가고 있는
내 영혼의 한 필 두 필 자투리 옷감들을
가을이 햇살폭포 아래에서
하얗게 빳빳하게 다듬고 손질하고 있다

수秀바위

바위 하나 우뚝 고개 쳐들고 있다
화암사 수바위
누가 제 몸 가운데 틈새를 만들고
무엇과 외로이 맞서고 있는 것이냐

금강산 첫 봉우리 신선봉 자락에서
세상 어떤 풍랑에도 버티면서

지상의 저 높은음자리표는
폭풍이 휘몰아쳐 오는 날에도
하늘의 악상을 산새처럼 날려 보내고 있구나

무말랭이 내 몸과 마음을 버무리다
― 오소소 석류 터지듯 마당으로 쏟아져 나오는 사람들
 신앙강좌 끝나면 쪼글쪼글 손들이 먼저 나와 팔고 있었
 다. 먹거리 무말랭이를

물에 불리니 탱탱 몸 살이 되살아나서
온갖 양념으로 내 몸과 마음을 버무린다
한때는 거들떠보지도 않던 그것인데
뼛속 튼튼 참살이 음식이라니
'오이 사이소~, 마 좋심더!'
LG슈퍼 옆 파장길 오물오물 노파의 입 모양새
그 캄캄한 입속으로 군침이 돈다

햇살 멍석 아래 토란대건 무우채건
어머니 손길 닿기만 하면 지천이던 그것이
냉동건조 디지털 이 시대에는
그리도 찾기 어려운 먹거리 보물이라니

 무말랭이 제 몸속 마음속 체액 비워 나가듯
 내게서도 무엇이 자꾸만 햇빛 쪽으로 빠져나가고 있
는데
 올봄 황사는 또 극성일 거라는데
 세상사 노릇노릇 쥐어 짜이는 일밖에 없다

입 안에서 오독오독 씹히는 말랭이 세상일처럼
아린 맛 속을 햇살 그을린 농부 얼굴들 물 찬 제비로
스쳐 간다

미시령 가는 길

흘러서 떠나지 않는 사람 떠나서
돌아오지 않는 사람 지키며 기다리는 길목
들꽃송이 그 끈기의 숨결 따라
흘러가는 이 목숨은 얼마나 아름다운가

안개바람을 뚫고 너에게로 향하는 길

제4부
해빙기

길을 품다

벌목하듯 끌러온 소리들이
포르테로 파묻히고 있다
눈 그친 산의 품속에는
하르르 고요 속에 갇힌 길들이
입김처럼 되살아나고
아무것도 떠오르지 않는 백지의 시간
금싸락 은싸락 쏘아 올리던
어떤 바람의 꽈리들도 다 숨을 죽인다
첫 서원을 하는 수녀들처럼
누군가의 가슴 크기만한
나무 십자가 하나
십자가가 가르치는 길을
왜 사람들은 저마다 생의 가슴에
가득 품고 가는 걸까
피정 온 어둠이 촛불 빛으로 갈앉고
왜장 치며 고요고요 허방으로 퍼져 나갈 때
꼭 그만큼의 빛살로
따박따박 내 마음 안을 걸어온 길의

간이 정거장들이 화안해져 오는구나
이름 없는 이정표! 하나가
바람 속 가로의 겨울나무들이
쓸쓸함의 여백으로 내 가슴속에 남아 있는가

진부령을 넘으며

속내 깊은 어둠의 사리를 헤치고
창호지문을 연다 절망
뿌리의 내장이 밤새 꼬이더니
하얗게 마른 눈물이 얼어붙더니
드디어 함박눈을 날린다

미시령 굵은 동맥이
또 동상을 입었는가 발바닥을 흐르는
내 혈류가 끊긴다
얼음눈물의 허리춤을 붙잡고
돌아돌아 넘는 진부령

명태

명태를 아시나요
그 먼 바다를 헤엄치던
소한 대한 다 지나가고
홀로 초승달을 살라 먹던

용대리 다리골 덕장에서
연한 마음의 살점들이 눈 속에 수백 번
얼다가 녹다가
녹다가 얼다가 맛이 실하게 오르는

서럽던 나무 십자가 위에 만개한 시간들이
송이송이 눈꽃다발로
향 피워 올려놓고

목숨의 손수레 바퀴 자국 따라 돌아 나오던
슬슬 기어오르던 그 길목 진부령에서
폭폭하게 황태로 지금 부활하고 있는

겨울 눈밭에서

심야 스키를 탄다
내 생의 남은 토막 시간들을 껴안고

적막을 한 채를 실어 나르는 리프트
황소바람 무등을 타고 어둠이 쇠줄에 매달린다
홀로 산꼭대기를 오르락내리락 할 때면
폭신폭신 눈가루 위에
미끌어지고 굴러 내려도 좋아라

밤 깊어 가도록 이마 차디찬 하늘엔
나직나직 누군가를 부르는 소리
불러도 애틋애틋
응답하는 쓸쓸한 눈발의 얼굴들

내 마음의 다이아몬드 행성들이
반짝 외로움으로 맑게 빛난다

죽은 빙어를 위한 랩소디

덥석 얼음구멍
안으로 스며 오는 미끼를 문다
세상 구경 황홀함도 잠시

산 채로 내 몸통만한 어금니 맷돌 사이에서
초고추장 야채 더미에 납작 깔린다
오독오독 갈아진다

아프다 쓰라리다
비명 지를 새도 없구나
살 속 뼈 속 마음까지 투명해
고백성사 필요 없구나

살살 녹는 내 육질의 맛
한 입에 베어 먹히고
죽어서도 뜨겁고 차게 씹히는 나는
살아서 그 이름 시린 빙어랍니다

청천벽력

한 해 사과 농사가 절망처럼 떨어져 내렸다
추수를 앞두고 태풍이 불어 닥치던 날

갑자기 암을 선고 받은 어머니 마음처럼
막막한 겨울해가 또 쓸쓸히 저물고 있는데

파르르 문풍지 따귀 때리던
그믐밤 소주알바람 옷 벗는 소리

겨울바람의 목울대가 한 생애의 음계를 짚어 내린다
정강이 뼈 속을 할퀴며 저리 울고 가는 너는 누구인가

지상에서 가장 춥고 어두운 날

1
아침 KTX대합실에서
종이상자 내밀며 구걸하고 있다
파리하게 예쁜 이국 소녀 하나
그녀가 다리를 뻗고 졸다가 일어난 자리
의자 밑에는 운동화 한 짝
절망처럼 떨어져 있고

2
부산역 광장 지하도 계단 위
적막한 먼지 꾸러미 뒤집어쓰고 노파 하나 웅크리고 있다
동전 바구니 앞에 놓고 새우등 구부리고
행인도 뜸한 시간에
(폐암으로 남편도 먼저 세상 떠나보낸 올케
셋째아들 막내 결혼식 올리고)
'마 가져가라, 다 갔다 묵어라'
가방 불룩하게 넣어 준 귤들의 놀란 눈빛들

되돌아가서 노파 앞에 절반을 꺼내 놓는다
꾸벅꾸벅 노파는 고맙다고 머리를 조아리고
강풍에 사위는 더욱 어두워만 가는데
역에서 뿜어져 나오는 불빛 찬란한 밤

12월

호박고구마가 익어 간다
난로 아궁이 속에 탁탁
생솔나무 가지가 군밤처럼 타들어 가고

너른 마당가에는 먼 고향집 다듬이질 소리
아낙들의 똑딱똑딱 도마 칼질 소리가
겨울 김장을 한다

한 해 두 해 정든 마음의 켜켜 갈피 속에 쌓인
시간의 편지들을 모아
장작 위에 던져 태우는 사람

삶이여 묻노니!
누가 어디로 왜 또 떠나가야 하는지?

아무도 알 수 없다, 12월에는
저녁 연기 몽글몽글 가슴속으로 피어오르고
무슨 상처의 흔적처럼 노을강
12월 하늘 속으로 흘러가고

세밑과 새해 사이 도둑고양이처럼

1
(한 사나이가 의료봉사단으로 파견 나가 있다)
서부 사하라 사막
불끈불끈 해처럼 힘이 솟아오른다고
상큼한 목소리로 연하장을 보내 주고 있다
이국의 모래알 폭풍을 타고
핸드폰 기지국 전파를 넘어
서걱서걱 내 귓바퀴 속으로 날아 들어온다

아직도 이곳은 으스름 도둑고양이처럼
사고뭉치 한 해가 미처 긴 꼬리를 다
감추지 못하고 있는데

2
저물도록 남쪽 마을 모래밭에
가자미처럼 납작 누운 인동 시금치는
꽁꽁 언 숨을 호호 하늘에다 토해 내고 있는데

할머니 손등처럼 쪼글쪼글 밭고랑가
겨울 불상추 이파리들 청새벽장에 내다 팔던
누군가의 학비를 보태던 그 바쁜 손길들은 잠시
이 세모의 시간을 쉬어 가고

텃밭에 봉화 심지 세우고 밤이면 해안을 보초 서던
꼿꼿한 파쫑들 군단군단 도둑고양이들
밤 그림자 그늘에 섞여 시간의 산맥
그 어디쯤 지금 이동해 가고 있을까

연탄 주가 치솟다

하얗게 헛타버렸다
화덕 위 누군가의 물솥 하나 데우지 못하고
지나온 시간들 그 재 위에 번개탄
포개 놓고 까만 연탄 한 장 올려놓는다면

찌지직 매캐한 연기 솟아오르겠지
주식시장에서 발 빼듯
처박은 머리 잽싸게 빠져나오기도 전에
불꽃 튀어 앞 머리카락 다 태워 먹기도 하겠지만

그렇게 타다만 삶이라도 세상을 향한
꽃불로 다시 태울 수 있다면
꺼져 가는 누군가의 잉걸불에도
활활 불을 붙여 줄 번개탄 한 장 될 수 있다면

자반고등어처럼

한세상을 풍미하고 있다
광어 병어 청어~
알록달록 살집 좋은 생선들이 좌판 위에 누워
두루두루 어시장
사람 사는 세상을 가만히 내다본다

시간의 파도 타고
철지난 바닷가 몽돌몽돌 쓸림 위로
다정다감한 얼굴들이 포개지고 이내 사라져 간다
마음과 마음이 근육질과 근육질이
끈끈하게 맞닿고 서로 핏줄 통하여
화끈해지는 사이가 있다지만

언제나 등 푸르고 금슬 좋은
신접살림만을 대대로 누리고 있는 것인가
자반고등어 한 손 한 손
차곡차곡 태산을 이루어도
그 씨들은 어김없이 날 좀 보라는 듯이

좀 큰놈 한 마리가 어린 놈 한 마리를
사타구니 속에 꿰어 차고 감쪽같이 누워 있다

부엌으로 누가 이것 하나 사들고 들어가는 날이면
온 가족 웃음소리가 밥상머리에 빙 둘러앉는다
참숯불로 누군가의 입맛으로
지글지글 자반 고등어가 구워지는 순간
모락모락 흰 쌀밥 한 사발 위에 살짝이
살도장을 찍고 사라져 버린다

주상절리 별들 서다

제주 동백으로 꽃 뚝뚝 떨어져 내렸을까
첫 만남처럼 웃음의 폭죽이 터져 올라
내 마음속에서 용암으로 흘러내린다

너의 파도 물결과 한순간 몸 붙어
깎아 세운 돌기둥들일까
밤이면 한 발 곧게 뻗지 못하던
하늘의 별무리들이 주상절리 바닷가에
쌍쌍 촛불로 내려선 것일까
무엇을 지켜보는 것일까

시간의 어금니들은 날콩 없이도
맷돌맷돌 잘들 돌아가는데
스물다섯 해 부부의 칼날이 깎아 세운
우리 마음의 화석들은 깎이고 다듬이면서
또 하나 마음 태산을 이루어 가는데

겨울까마귀 · 백록담 · 서귀포

1
한라산을 물어 오르는 저 개미 떼를 보아라
세상의 거대한 개미굴 속에서 촘촘 빠져나와
분화구 속에 풍덩 몸을 던져 버리는

폭설 백록담 지축을 용암처럼 뒤흔드는
저 서리까마귀를 보아라

2
일개미 한 마리 마음 끝자락에 딸려 온
상고대 고드름 칼바람 소리
쏴아쏴아 서귀포 밤바다를 성난 파도처럼 할퀸다

내 마음의 유리창들은 일제히 귀를 틀어막는다
누구의 힘으로도 잠재울 수 없는
저 바다의 허기진 이빨을 보아라

해빙기

1
떼죽음을 당했다
세종기지 해안 삿갓조개들이
빙하는 점점 녹아 흐르고

그 냉기로 서남해에는
유빙들이 사람들 가슴속에
남극처럼 깊어만 가고

2
소한과 대한 사이 겨울비만 내렸다
꽁꽁 언 흙의 젖가슴이
부풀어 오르는구나

겨울가지 손끝마다 세상의 피돌기
새물이 차오른다

아름다운 마침표
— 시인과 군인

1
풀잎 하나로 평화를 노래하는 사람아
가슴에 이글이글 숯불을 담은 너 시인이여
그 불길 쇠를 녹여 호미 낫 쇠스랑 벼르라
시심의 묵정밭은 일굴수록
꽃과 열매 풍성하게 맺히리니
저 들판 옥토 되어 가리니
새들도 이랑이랑
들판의 곤충 나비 떼 다 모여들리라

2
행진하라 너 군인이여
평화를 향해 진군하라
오체투지의 길 걷고 걸어
온몸으로 이 나라 이 강산
온 겨레 지켜 나아가라

3
시인으로 나의 자갈밭에는 생각의 잡초만 무성하노니
그대 군인으로 청동의 근육 더욱 실해 가리니
정신과 육체의 가슴이 맞닿는 곳
부부라는 이름으로 한 마음 한 몸이어라

어찌 그대 말할 수 있으리오
우리를 무시로 돌아눕게 하던
외로운 생의 전투를
너와 나 사이 저 가시철조망
침묵의 휴전선 절망을 걷어 내고
시간의 비무장지대 그 어디쯤 손에 손을 맞잡고
아름다운 마침표 하나 쏘아 올릴 것인가

겨울 석화를 위한 레퀴엠

  얼마나 내 몸과 맘 털고 저 바다 닦아 내야 할까, 천리포 만리포 태안 앞바다, 유조선 옆구리 터져 흘러나온 기름띠 날도둑, 날도둑들은 들숨 날숨 못 쉬라, 서해의 눈 귀 입 다 틀어막는다, 출렁출렁 12월 시간의 바다를 온통 뒤덮고 바닷가 사람들 애간장 졸이더니, 심해 속 검게 다 멍들이더니, 바위에 날아 앉은 눈먼 논병아리야, 달랑게 석화들 무리 무리들아 바닷가 목숨 붙어 있는 물새 친구들 모든 살아 있는 것들아, 염장 먹장 풍장으로, 한순간 모두들 어디로 사라져 갔느냐

  또 텃새 무리 내려앉는다 해안선 모래톱 발자국 찍는다
  개펄 양식장에서 목이 긴 장화 신고 봉사하는 사람들
  하얀 손길 발길들이 차마 거룩하구나
  우주 자연 앞에 기름 범벅된
  바다고니 한 마리 고백성사 보고 있다

밀알 하나가 썩어야 풍성한 열매 맺는다고?

차르르 우박이 쏟아진다
한낮 길 위로 발등 하얀 모자 위로
오십 년 발효 두엄 더미에서도 넌 썩지
않고 이토록 살아 생생한가
아니면 바람풍선 하나 심해의 부력으로
허공 바다 둥실 떠다니는지 알 수가 없구나
결코 썩지 않는 기억의 동아줄이여
뇌신경 줄기세포 겨울나무 폭설가지들이여
어찌하여 네 가지 우듬지들은 부러지지도
꺾이지도 아니하여 너와 나 살과 핏줄
찔러 마음 얼게 하고 복장 터지게 하느냐

거름 속 배추이파리
튼실굼실 등 푸른 배추벌레 한 마리야
소금 우박 맞아도 숨죽지 않고 그게 사는 법인지
또 죽는 법인지도 모른 채 세상 들판 하하
호호 기어 다니기 쉽다 사는 게 너무 고맙다
하루야, 그런 내 한평생아! 들깨 알알 상처에도
내 피는 마냥 얼어 솟구친다

겨울 고사목 매화포 터트리다

1
폭설 산등성이 끝끝내 올라가면
보이네, 세상의 길이란 길들이
겨울나무 가지에 달랑 남은 외톨이 모습인 것이
잎맥으로 가물가물 깔리고 지워지는 것들이
천방지방 갈 곳 몰라 흩날리는
내 마음의 서리 눈발만 같아
누군가의 마음 고개를 오르며 처음 찍어 보는
싸락싸락 따뜻한 발자국들아
고사목에도 차고 맑게 눈꽃숭어리 터지는 날

2
영등포역 골목길에 모기장 방충망 하나 없고
때론 사방으로 너에게 가닿는 거미줄 창문 하나
고샅길 하나 없어 해와 달과 별들이 모두
지상에서 눈먼 그리움처럼 떴다가는 사라졌다지
면벽! 시간의 고시원,
말 한 마디 건넬 사람 없는 그 감금의 쪽방에서

한 칸 외로움의 이불로 뒤집어썼다지

눈자위 붉은 이슬방울 맺혀 마침내
그림 속 '행복한 눈물'* 터트리게 하던 그날도
발걸음 가볍게 큰 아이 산속 연수원 도착한 첫날도
함박 눈송이만 팡팡 매화포를 터트리고 있는데

---

* 미국 팝 아티스트 로이 리히텐슈타인 미술작품.

물방울은 다시 비 되어 내리고

 눈으로 듣지요, 겨울나무 우듬지에서, 봄을 재촉하는 빗방울들이 백담계곡 깊고 높은, 차고 맑은 옥빛 물방울들로, 퐁당퐁당 모여들더니, 용대천 지나 인북천 내린천 흘러들어 소양호와 손에 손을 잡고 합류하더니, 또 남한강 기슭을 흘러온 강물 허리를 돌아, 콸콸콸 서해로 흘러 숨어들지요

 아차차, 그 먼 길 동행 못한 물방울, 물방울 친구들은요, 공기 중의 수증기가 되어, 각각 제 거울 등불 십자가 하나씩 등짝에 지고는, 흔적도 없이 2월의 노을 속으로 사라지더니, 마침내 부활하고 있지요, 더러는 계곡 물안개가 되고, 또 누군가의 눈시울 적시며 눈물방울이 되기도 하면서

 오늘은 비구름 눈구름이 되어, 우르릉 쾅쾅 지구의 땅 살을 마구 후려치며 파고들더니, 뉴스 특보엔 기사의 홍수홍수 폭설바다 되더니, 피어오르다가 뭉치고, 마른 풀씨 검은 철새들처럼, 타르 덩어리 무차별 융단

폭격하더니, 사방팔방 흩어지다가, 밤하늘 우주 작은 샛별, 물방울들로 우리들 곁으로 모두 다시 돌아오네요

작품 해설

물의 표상 또는 생명의 노래

김 재 홍

(문학평론가 · 경희대 교수)

1. 물방울의 시를 위하여

　박수화의 이번 시집『물방울의 여행』에서 주류를 이루는 것은 물에 관한 명상 또는 물의 상상력이라고 할 수 있다. 그만큼 시집 속에 물과 물에 관련된 다양한 상징물들이 지속적으로 펼쳐지고 있다는 뜻이다.
　물은 모든 생명의 근원이며 구성요소이고 근본속성이자 운행원리에 해당한다. 인간을 비롯한 모든 생명 있는 것들뿐만 아니라 그것들을 둘러싼 자연 · 생태계 모두에 있어서 근본적인 존재양상이 된다는 뜻이다. 물은 물 자체로서도 존재하지만 눈, 비, 이슬, 안개, 우박의 기상형태로 나타나기도 하고 샘물, 냇물, 강물, 바다와 같이 유동성으로 존재하기도 한다. 또한 눈물, 피, 술 등과 함께 인간 또는 생명 순환계의 상관물로서 존재하는 등 천태만상의 모습과 형태로 변주되어 나타나는 것이다. 그러면서 다시 시간이나 재생, 부활, 속죄, 참회, 용서, 사랑, 만남, 이별, 죽음 등 다양한 정신과 삶의 상징 형태로 존재하기에 시학, 철학은 물론 심리학 등 사회과학, 물리학 등 자연과학, 그 모든 정신 분야와도 유기적으로 연결되는 것이다.

특히 근년에 이르러서 물의 상상력 또는 물의 시학은 융C. G. Jung의 집단 무의식 이론에서뿐만 아니라 바슐라르G. Bachelard의 물질 상상력 비평이론에 이르기까지 광범위한 이론 확대와 심화 양상을 볼 수 있어 주목되는 바이다.

이 점으로 비춰 볼 때 박수화 시인이 이번 시집에서 시도하는 '물의 시학'은 시인에게 있어서도 하나의 의미 있는 전기가 될 것으로 판단된다. 시세계가 전체적인 면에서 하나의 넓이와 깊이를 확대하고 심화해 감으로써 앞으로 전업시인으로서 면모를 강화해 갈 것으로 기대되기 때문이다. 물론 이번 시집의 물 연작시가 완결된 것은 아니기에 앞으로 좀 더 활발한 연구와 정진을 계속해 간다면 분명 시인으로서도 뚜렷한 개성적인 시인으로서의 자기 위치도 정립해 갈 것이 분명하다는 뜻이다.

2. 사랑과 생명, 원초적 질료로서의 물

먼저 물 연작시 중심으로 시집에서 지속적으로 추구하고 있는 것을 우리는 물의 시학 또는 물의 상상력이라고 불러 볼 수 있겠다.

참방참방 저절로 돌아간다
초가을 소나기 산골마을에서
네가 펑펑 울고 떠나간 뒤

돌아라 방아야
물레방아야 돌아라

피어오르는 물안개보다도
절로절로 뉘우치는 한 사람의 뒷모습
보다도 더 아름다운 수채화가

이 세상에
내 마음의 풍경 속에 또 있겠느냐
─「물레방아 참회록 - 물방울의 여행 · 14」 전문

　이 시를 이끌어 가는 것은 물의 이미지군, 즉 물의 상상력이라 할 수 있다. '참방참방/소나기/울고/물레방아/물안개/수채화'라는 이미저리들이 바로 그러한 물의 상관체계에 속한다. 그러면서 그러한 이미지군들이 "절로절로 뉘우치는 한 사람의 뒷모습/ 보다도 더 아름다운 수채화가// 이 세상에/ 내 마음의 풍경 속에 또 있겠느냐"라는 핵심 구절로 수렴된다. 그리고 그것은 "네가 펑펑 울고 떠나간 뒤"라는 앞 구절과 호응되면서 이 시가 바로 사랑과 아픔, 만남과 이별, 죄와 속죄(참회, 정죄)라는 핵심 테마를 형성하게 됨을 확인할 수 있게 된다. 돌아갈 때 비로소 의미로 존재할 수 있는 물레방아의 모습을 통해 시간의 흐름으로서 세계상의 본질을 드러내면서 그 속에서 지속과 변화, 생성과 소멸을 되풀이하면서 전개되는 삶, 생명의 본성을 섬세하게 투시해 내고 있다는 뜻이다. 아울러 사랑이 바로 인생 또는 모든 생명의 속성원리이며, 그것은 육신과 정신의 통합작용이기에 만남과 이별, 기쁨과 슬픔, 죄와 참회라고 하는 운행원리를 지니며 전개된다는 깨달음을 제시하고 있는 모습이다.

그리고 보면 이 짤막한 시 속에는 물의 상징적 속성으로서 사랑과 이별, 기쁨과 슬픔, 죄업과 정죄라고 하는 이원성·모순성으로서 사랑의 본성과 인생의 본질에 대한 성찰이 담겨 있는 것으로 이해된다.

이러한 생명의 운행원리로서 물의 시학, 또는 생명과 사랑의 모순원리 및 양면성으로서 사랑의 본성과 생의 본질적 속성은 다음 예시에서 더욱 구체화되어 나타난다.

> 반짝 물먹은 별로 빛나리라
> 서로의 품속으로 스며들리라
> 우리가 한 방울 물이 된다면
>
> 너와 나의 무늬도 얼룩도 아랑곳없이
> 모서리 가시도 없이 언제나 한 몸 되어
> 한 마음 되어 흐를 수 있으리라
> 살과 살끼리 뼈와 뼈끼리 찌르고 박히면서
>
> 그 아픔을 누가 어찌 알 수 있으랴
> 다만 물방울 작은 거울 속으로
> 온갖 생명들이 몸을 숨기는 이 거룩한 순간에도

무엇이든 감싸 안으며
　　　무엇에나 핥아 주며 흐를 수 있으리라

　　　도른도른 몸을 낮추며 우리가
　　　한 방울 물이 되어 흐른다면
　　　서로 한 방울 물로 섞여 흘러간다면
　　　쩡쩡 얼어붙은 이 세상에도
　　　어느새 초록피가 따스히 감돌아 나갈 텐데
　　　　　―「물방울에 관한 명상 - 물방울의 여행 · 22」 전문

　이 시는 물의 상징을 통해 생명의 속성, 사랑의 원상을 잘 형상화하고 있는 것으로 이해된다. 이 시에서 그것은 '물먹은 별/ 한 방울의 물/피'의 조응, 그리고 '한 몸 되어/스며들어/섞여/ 흐른다'라는 동사의 결합으로 전개된다. 그것은 그대로 사랑의 모습이면서 생명의 속성을 제시한 것으로 이해된다. 사랑이란 "반짝 물먹은 별로 빛나리라/ 서로의 품속으로 스며들리라// 너와 나의 무늬도 얼룩도 아랑곳없이/ 언제나 한 몸 되어/ 한 마음 되어 흐를 수 있으리라// 무엇이든 감싸 안으며/ 무엇에나 핥아 주며 흐를 수 있으리라"처럼 서로 통하는 것, 감싸 주고 핥아 주고 서로 하나가 되어 흘러가는 것이 아니겠는가. 아울러 그러기에 그것은 "그 아픔을 누가 어찌 알 수 있으랴// 도른도른 몸을 낮추며 우리가/ 한 방울 물이 되어 흐른다면"이라는 구절에서 보듯이 아픔 또는 슬픔 속에서 서로 공경하고 사랑해야 하는 사랑의 상대성 원리 또는 모순성, 양면성을 드러낸 것이기도 하다.

　이렇게 본다면 이 시에서 물은 바로 사랑의 표상이며 인생

또는 생명의 상관물이 아닐 수 없다. 물(사랑)은 바로 생명의 근원이고 운행원리이면서 동시에 대자연을 살아 움직이게 하는 우주 에너지이자 생명의 숨결이고 맥박에 해당한다는 뜻이다. 바로 이러한 점에서 이 시집은 물의 시학 또는 물의 상상력을 지향하는 특성을 지닌다고 할 수 있으리라.

3. 물 또는 시간의 바다, 세상의 바다

물은 존재론적인 면에서 사랑의 기쁨과 슬픔, 만남과 이별, 죽음과 부활, 생성과 소멸을 표상하기에 시간의 표상이자, 생명·인생의 표징이 된다. 그만큼 물이란 인간의 생·노·병·사 등 모든 생명작용과 인생원리에 필수적으로 작용하며 시간성(흐름/지속과 변화성)을 광범위하게 상징하기에 모든 생명과 존재에 있어 존재론적 구조를 이루기 때문이다.

① 어찌 돌리랴
　굽이쳐 흐르는 시간의 강물을
　어찌 누르랴
　용솟음치는 사람들
　마음의 물굽이를

　대지를 뚫고 뿜어 나오는
　새순들의 함성을 들어 보아라
　무엇으로 누가 그들을 또 막아 내랴

무릎으로 걸어가고 있는 오늘도
내 목숨의 고샅길가에는
갈피갈피 눈물 꽃잎들이 날아들고
하늘길엔 매화꽃바람 자란자란
흩날리고 있다
─「봄 삽화 - 물방울의 여행 · 10」 전문

② 꽉 끌어안아야 살아남으리라

세상의 어둠 바다 속으로
돛대 기둥 하나 솟아오르리라

힘으로 온몸으로
오소소 밤하늘에 서리 박힌 은바늘 별들처럼

오늘 하루도 파랑주의보 바다에서
먼 등대의 불빛 한 점을 향한다
─「먼 등대 - 물방울의 여행 · 23」 전문

인용시에는 물이 시간의 바다, 세상의 바다, 인간의 바다로 표상되어 관심을 확대해 간다.

먼저 시 ①에서 그것은 '시간의 강물', '마음의 물굽이'로 제시된다. "어찌 들리랴/ 굽이쳐 흐르는 시간의 강물을/ 어찌 누르랴/ 용솟음치는 사람들/ 마음의 물굽이를"과 같이 시간표상, 마음표상성을 지니는 것이다. 사실 물이란 구체적인 형상을 지니기에 공간적인 물질로 보여지지만 동시에 '흐른다'는 속성으로 인해 시간적인 존재성을 드러낸다. 액체성, 유동성, 하강

적 속성 등으로 인해 공간적·시간적인 면에서 존재론적 표상성을 지닌다는 뜻이다. 그러기에 그것은 오늘도 "내 목숨의 고샅길가에는／ 갈피갈피 눈물 꽃잎들이 날아들고／ 하늘길엔 매화꽃 바람 자란자란／ 흩날리고 있다"와 같이 '눈물' 이미저리로 목숨 또는 생명의 속성이자 에센스로서 굽이쳐 흘러가고 있음을 보게 된다. 말하자면 그리움과 외로움, 만나고 헤어짐, 나고 죽음, 생성과 소멸로서 존재론적 구조원리를 형성한다는 뜻이 되겠다. 또한 그러기에 그것은 시간과 인생의 표상이 되고 나아가서 역사로서 상징성을 지닐 수 있게 되기도 한다.

시 ②에서는 '세상의 어둔 바다'로 제시된다. 세상은 헤아릴 수 없이 많은 물방울들이 모여 이루는 시간의 바다이면서 동시에 인간의 바다, 세상의 바다로서 의미를 지닌다는 뜻이다. 따라서 세상은 어차피 파랑주의보, 즉 온갖 파도와 비바람, 해일과 폭풍이 몰아치는 바다로서의 표상성을 지닌다. 그만큼 고단하면서도 힘든 세상살이, 인생살이이기에 그 바다를 살아남기 위해서는 "꽉 끌어안아야 살아남으리라／／ 세상의 어둠 바다 속으로／ 돛대 기둥 하나 솟아오르리라"와 같이 생존을 위해 필사적으로 노력하지 않으면 안 된다. 아울러 "오늘 하루도 파랑주의보 바다에서／ 먼 등대의 불빛 한 점을 향한다"라는 결구처럼 보다 나은 세상을 향해 나아가고자 최선을 다해야만 하는 것이다.

이렇게 '물방울→샘→시내→강→바다→수증기→구름→비'에 이르는 물의 유동적, 가변적 상관체계는 그대로 사람들이 살아가는 존재론적 원리를 반영하면서 동시에 시간 속에서 홀로 태어나 더불어 시간 위를 살아가다가 홀로 시간 밖으로 사라져 갈 수밖에 없는 생의 원리, 세상의 법칙을 고스란히 반영하는 것으로 이해된다. 이러한 물의 시학, 물의 상상력은 시의 가능성을 확대하고 심화해 갈 수 있는 원천으로서 의미를 지닌다고 하겠다.

4. 식물상상력 또는 생명주의를 향하여

한편 시집에는 식물적 이미지군들이 다수 등장하여 하나의 식물상상력 체계를 형성한다는 점에서 특징을 지닌다.

> 철없어라 바람 센 봉우리에
> 참나물 곰취나물 노린재나무 순들
> 널브러졌지만 발아래 누구의 시름이
> 한 포기 꿀풀로 피어났는가
> 말 없이 북녘의 산하를 바라보는가
>
> 연하고 무성하여라
> 질기고 상처투성이여라
> 저 햇살과 그늘 그리고 바람 속에
> 젖은 몸을 말리고 있는 가난한 이파리들
>
> 향로봉에 서면
> 사방으로 불어치는 바람에도
> 뿌리에서 마른 등뼈까지
> 절로 솟구치는 강한 힘이 넘실거린다

홀로 선 꿀풀 한 포기가 겨울나무처럼 꿋꿋하다
—「향로봉 꿀풀」 전문

　이 시는 참나무, 곰취나물, 노린재나무, 꿀풀, 겨울나무 등과 같이 식물적인 제재와 소재들이 어울려서 하나의 식물상상력 체계를 이루고 있는 것이 특징이다. 그리고 그것들은 "향로봉에 서면/ 사방으로 불어치는 바람에도/ 뿌리에서 마른 등뼈까지/ 절로 솟구치는 강한 힘이 넘실거린다/ 홀로 선 꿀풀 한 포기가 겨울나무처럼 꿋꿋하다"라는 결구에서 보듯이 뿌리와 나무의 강한 생명력으로 분출됨으로써 하나의 생명시학적인 지향성을 보여 주는 것이 특징이다.

　실상 시집에는 '풀잎/나무/얼레지꽃/살구/들꽃/무화과/산수유/두릅/창포/사과꽃/선인장/로즈마리/메타세콰이어/솔/메꽃/연꽃/쥐똥나무' 등 다양한 화훼 식물로부터 관목, 교목 등이 많이 등장하여 하나의 식물군락을 형성하고 있음을 볼 수 있다.

　그렇다면 이러한 식물심상들이 어울려 빚어 내는 풍정들, 즉 식물상상력이 의미하는 것은 과연 무엇이겠는가? 한 마디로 그것을 생명주의라고 불러 볼 수는 없겠는가.

피어오른다 산골 마을 마가리집에서
애틋애틋
누구네 저녁밥 짓는 연기일까
마른 산풀 속의 오소리 주둥이에
묻어나는 참나무 숲의 향기여
—「겨울 수채화」 전문

어둠의 실뿌리 끝에서
햇살이 봄우물을 길어 올리고 있다

생살바람에 톡톡 움이 튼다
목련의 어깨에도 새 피가 솟구친다

발 뻗는 죄의 뿌리 같은 것들이
봄바람에 부활절 판공성사를 보고 있다
　　　　　　　　　　　　―「매화마을에 와서」전문

누가 메꽃의 새 길
을 짚어 주고 있는가

봄산 그늘을 빨아들여 치마폭에 청량산
녹음을 공글리고 있다 누군가 그리울 때면
날려 보고 싶어라
연꽃나비 한 마리
　　　　　　　　　　　　―「청량사 가는 길」전문

세상 어디에나 발 뻗어 내리던 곳
그곳이 너와 나 우주의 중심이었구나
　　　　　　　　　　　　―「풀잎」부분

　인용시편들에는 식물적 상상력을 통한 생명력의 꿈틀거림, 즉 생명사상의 맥박이 살아 숨쉬고 있음을 발견하게 된다. '목련/산풀/개화/숲/메꽃/실뿌리/녹음/산골/청량산' 등의 식물상징들이 '저녁밥 짓는 연기/오소리 주둥이/나비/생살바람/피/발/어깨' 등의 동물적, 인간적 이미저리들과 호응되면서 생명의 숨결과 맥박을 환기시켜 주고 있는 까닭이다.

이렇게 본다면 식물적 상상력의 의미가 어느 정도 드러나게 된다. 한 마디로 요약해서 그것을 생명사상의 실마리이자 하나의 원형적 모습이라고 요약해 볼 수 있을 것이다. 그냥 단순한 산천의 풍경을 묘사하는 것이 아니라 그것들이 서로 생명의 연쇄체계를 이루면서 생명적인 것을 지향해 나아가려는 생명주의의 실마리를 열어 가고 있다는 뜻이다. 바로 이 점에서 식물상상력이란 생명시학을 표상하고 지향하는 내용이 된다고 하겠다.

실상 "연꽃나비 한 마리", "세상 어디에나 발 뻗어 내리던 곳/ 그곳이 너와 나 우주의 중심이었구나"라는 시의 결구 속에는 이러한 시인 자신의 생명지향성 또는 생명시학적 가능성이 포괄돼 있음이 분명하다.

> 봄 하늘에는 작은 탯줄 하나 달라붙어 있어
> 혼곤히 포대기에 업힌 봄 숨소리
> 생명의 씨앗들 땅속에서 톡톡 발아하는 소리
> 누가 엿듣고 있는가
> ―「햇봄」 전문

이 시에서 확인할 수 있듯이 세상에서 가장 소중한 것으로서 생명·생명력을 기르고 찬양하며 공경하고 사랑하는 것, 그것이 바로 생명사상의 실천적인 모습이기 때문이다.

맺으며

누가 '월인천강月印千江, 온 세상 강물 바다에 달빛 도장을 찍어 대는가'라며 마음바다 모습을 표현하려 했던가?

그렇다! 달빛바다는 바로 생명바다이고 마음의 바다이다. 앞에서 살펴본 것처럼 풍경의 바다, 마음의 바다이면서 동시에 존재의 바다, 당위의 바다이기도 하다. 그러기에 해인海印이 바로 월인月印이고 또한 심인心印이라고 말하지 않았겠는가.

박수화 시인이 지향하는 것도 바로 그것이다. 물방울 하나가 시내를 이루고 나아가 강물이 되고 바다를 이루어 가고 그것이 다시 기화하여 구름으로 떠돌다가 비가 되어 내리는 모습을 우주론적 순환 속에서 시간의 바다, 생의 바다, 마음의 바다를 읽어 냄으로써 마침내 생명의 바다에 이르고자 하는 생명의 시학을 지향한다고 하겠다. 온갖 시의 소재, 제재, 주제가 물방울의 시학에서 비롯되어 물방울 하나, 그리고 바다의 호한함 속에서 생명의 근원을 읽어 내고자 하고 있기 때문이다.

그러나 시인에게 앞길은 멀고 험난하다. 따라서 이번 시집은 그러한 물의 시학, 생명시학을 향해 나아가고자 하는 하나의 출발에 해당한다.

이제부터 더욱 노력하여 우주생명, 생명우주를 향한 생명시학의 길을 향해 각고정진하지 않으면 안 될 것이다.

시인의 새로운 분발과 정진을 기대한다.